ÄLTER IST WIE JUNG, NUR BESSER

W0231412

Pattloch*

Herzlichen Glückwunsch!

Schon wieder ein Jährchen älter? Lass dich feiern, mit allem, was dazugehört! Denn was heißt das schon, »älter«? Es heißt wohl nichts anderes als »reicher«: reicher an Jahren, ja, natürlich, früher oder später auch reicher an grauen Haaren, aber doch vor allem reicher an Wissen, an Erfahrungen, Persönlichkeit und Erinnerungen an schöne Momente. Jeden Tag nimmt man etwas Neues, Bereicherndes mit. Wieso also immer nur ärgern übers Älterwerden? Im Innern bleibt man doch derselbe und ist sowieso immer nur so alt, wie man sich fühlt.

Ab einem gewissen Alter wird man von höflichen oder zu Scherzen aufgelegten Gratulanten gerne gefragt: »Wie *jung* wirst du

Geschenkideen für viele Gelegenheiten

Die kleine Bibliothek des Herzens

ISBN 978-3-629-10951-4

ISBN 978-3-629-10952-1

ISBN 978-3-629-10953-8

ISBN 978-3-629-10954-5

ISBN 978-3-629-10955-2

ISBN 978-3-629-10956-9

Pattloch*
So schenkt man heute

denn eigentlich?« Wer den vielen Kerzen auf der Torte dann mit einem milden Lächeln gegenübertritt, kann gelassen entgegnen: »Ich muss mein Alter nicht verheimlichen. Denn älter ist wie jung, nur viel, viel besser!«

Nur wer sein Alter verleugnet,
fühlt sich wirklich alt.

LILLI PALMER

Das Alter ist eine Sache der Ansicht;
wenn man sich nicht daran stört,
spielt es keine Rolle.

AUS INDIEN

Gehörst du zu den älteren Semestern?

Vor wenigen Jahren wurde in einer Studie 12- bis 25-Jährigen folgende Frage gestellt: Welche Eigenschaften kennzeichnen aus deiner/Ihrer Sicht die älteren Menschen von heute? Hier das Ergebnis:

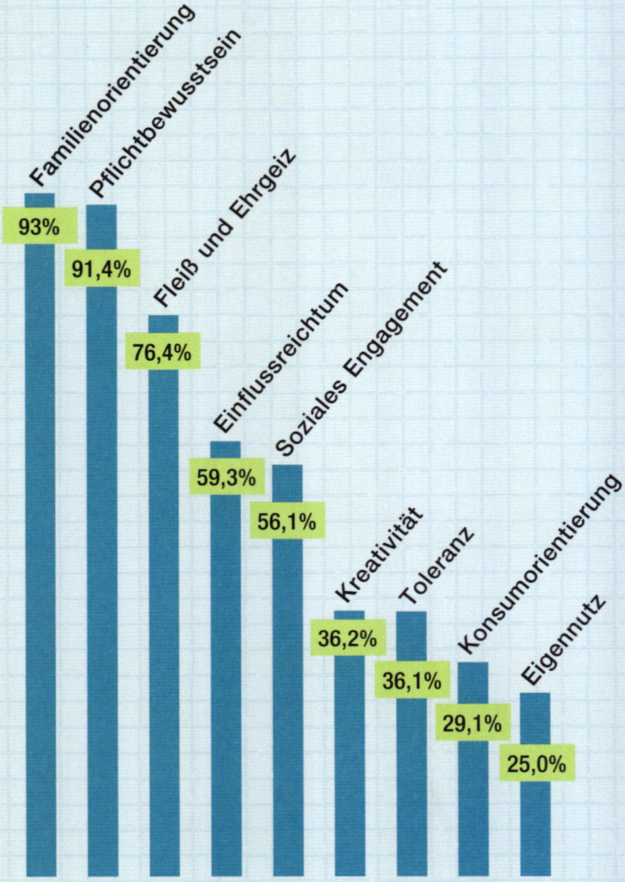

(Quelle: statista.de, 2013)

Klingt doch gar nicht schlecht, oder? Eine weitere interessante Frage war, ab wann man heutzutage überhaupt zu den alten Menschen gehört.

An oberster Stelle wurde der Renteneintritt genannt. Doch es gibt auch andere Kriterien: Für manche bedeutet »**ALTWERDEN**« schon das Überschreiten der 30, 40 oder 50, der Zeitpunkt, zu dem man mit der Familie ins Eigenheim zieht, das erste Mal auf Kur fährt oder das erste Enkelkind da ist. Altersflecken auf der Haut, langsam wachsende Geheimratsecken, ergrauendes Haar, die ersten Fältchen und sonstige Wehwehchen seien laut Umfrage eindeutige Merkmale.

Und nun schau dich an und überlege, ob etwas davon auf dich zutrifft. Es sei dir gewünscht, dass du noch kerngesund bist. Die paar grauen Haare und Falten sind kaum erwähnenswert. Enkel sind etwas Großartiges. Sie sind meistens gut gelaunt, und wenn nicht, kann man sie einfach wieder zu ihren Eltern bringen. Wenn du schon in Rente bist, also auch noch ausreichend Zeit dafür hast, dich an den Enkeln, deiner Freizeit und deinen Hobbys zu erfreuen – dann Gratulation! Was willst du eigentlich mehr?

Ich werde nie ein alter Mann sein. Für mich ist Altsein immer fünfzehn Jahre älter, als ich jetzt bin.

BERNARD BARUCH

Rekordhalter

JEANNE CALMENT gilt als die Frau, die weltweit jemals am ältesten wurde. Sie wurde am 21. Februar 1875 im französischen Arles geboren und starb am 4. August 1997. Damit wurde sie **122 JAHRE UND 164 TAGE** alt. Nach eigenen Aussagen unternahm sie nie etwas Besonderes, um gesund zu bleiben, und rauchte fast 100 Jahre lang. Erst mit 117 Jahren versuchte sie das Rauchen aufzugeben, was sie jedoch erst zwei Jahre später endgültig schaffte. Allerdings fuhr sie bis ins hohe Alter Fahrrad und gab sich dem Genuss von gutem Olivenöl, Knoblauch, Gemüse und Portwein hin. Sie erlebte den Bau des Eiffelturms und begegnete einst Vincent van Gogh.

Bei den Männern wird die Liste von **IZUMI SHIGECHIYO** angeführt. Der Japaner lebte von 1865 (der genaue Geburtstag ist urkundlich jedoch nicht eindeutig bestätigt) bis 1986, wurde also stolze **120 JAHRE** alt. Noch mit 70 Jahren fing er mit dem Rauchen an und arbeitete bis über seinen 100. Geburtstag hinaus als Zuckerrohrfarmer. Geholfen hat ihm dabei sein Motto: »Früh aufstehen und einen Getreideschnaps vor dem Einschlafen.«

Ebenso zu den ältesten Menschen der Welt gehören:

SARAH KNAUSS, USA, 1880–1999, **119 JAHRE**

LUCY HANNAH, USA, 1875–1993, **117 JAHRE**

MARIE LOUISE MEILLEUR, Kanada, 1880–1998, **117 JAHRE**

MARIA ESTER CAPOVILLA, Ecuador, 1889–2006, **116 JAHRE**

TANE IKAI, Japan, 1879–1995, **116 JAHRE**

ELIZABETH BOLDEN, USA, 1890–2006, **116 JAHRE**

BESSE COOPER, USA, 1896–2012, **116 JAHRE**

AUGUSTA HOLZ, geboren in Deutschland, dann aber in die USA ausgewandert, 1871–1986, **115 JAHRE**

(Quellen: wikipedia.de, seite3.ch, suite101.de)

Rezepte für ein langes Leben

Woran liegt es, dass manche Menschen so alt werden? Allgemein steigt die Lebenserwartung kontinuierlich an. Aber wodurch wird das individuelle Alter bestimmt? Die Gene machen rund 25 % aus, der Rest wird durch Lebenswandel und persönliche Einstellung beeinflusst. Ein Garant ist es natürlich nicht. Dennoch sollte man sich an ein paar Regeln halten, wenn man möglichst lange fit und gesund bleiben möchte:

- viel Obst, Gemüse und Fisch, dafür wenig Fleisch essen
- aktive Bewegung in den Tagesablauf einbauen (mindestens 30 Minuten)
- viel trinken (davon aber möglichst wenig Alkohol und Koffein)
- keine intensiven Sonnenbäder genießen
- ausreichend schlafen
- soziale Kontakte pflegen
- neugierig bleiben und geistige Herausforderungen suchen
- sich eine positive Lebenseinstellung aneignen und Stress vermeiden

Hast du auch schon deine ganz persönlichen goldenen Regeln gefunden? Schreib sie hier auf, damit du sie dir immer wieder vor Augen halten kannst:

Wer die Gottesgabe
der Begeisterung besitzt,
der wird wohl älter, aber niemals alt.

JOHANN GERHARD ONCKEN

Humor, Zärtlichkeit und
Aufmüpfigkeit sind
die besten Mittel gegen das Altern.

YVES MONTAND

Keine grauen Haare wachsen lassen

Für die meisten ist es ein Schockerlebnis: die Entdeckung des **ERSTEN GRAUEN HAARS!** Unverkennbares Zeichen – jetzt werde ich alt. Wann das Haar beginnt zu ergrauen, das ist genetische Veranlagung. Schon mit Mitte, Ende 20 kann es sein, dass die Produktion von Melanin, also dem Farbpigment, in den Haarwurzeln reduziert wird. Folge: Die unwiderstehlich schimmernde schwarze, braune oder rot-blonde Haarpracht wird immer blasser.

WAS TUN? Die Haare raufen? Lieber nicht! Denn Ärger kann zu noch mehr grauen Haaren führen. Färben? Ein durchaus probates Mittel. Auf die Dauer wird das Haar dadurch aber angegriffen und weiter geschwächt. Milde Pflege, ausgewogene Ernährung und die Vermeidung von Stress tragen viel eher dazu bei, das Haar gesund zu erhalten.

Früher oder später sollte man sich mit dem sich verändernden Erscheinungsbild einfach abfinden. Dabei nicht vergessen: Ein entsprechendes Styling kann auch graues Haar jugendlich aussehen lassen. Zur Zeit des Barock galt es als schick, sich die aufwendigen Perücken und Hochsteckfrisuren grau oder ganz weiß zu pudern. So manche Modezeitschrift hat es auch heute wieder als Trend ausgemacht, sich die Haare in diesen Tönen zu färben.

Und wer würde jemals behaupten, ein
Mann mit leicht silbrigen Schläfen
sei nicht **ATTRAKTIV** (siehe
Exemplare wie Richard Gere
oder George Clooney)?

(bitte hier dein Alter eintragen)

Ich bin .... plus

plus liebgewonnene Gewohnheiten
plus immer wieder neue Ideen
plus Lust zu genießen
plus extra viel Gelassenheit

Man muss leben, als hätte man hundertfünfzig Jahre Zeit. Hast ist der Feind des Lebens.

THORNTON WILDER

Man muss die Feste feiern, wie sie fallen

Ob es nun eine Ü23-, Ü30-, Ü40- oder Ü44-Party ist – für jede Altersstufe gibt es mittlerweile einen gesonderten Event. Das Interessante ist jedoch, dass beim Einlass selten einmal das Alter wirklich kontrolliert wird, so dass überall eigentlich dieselben **FEIERWILLIGEN** anzutreffen sind. Und die Art und Weise, wie gefeiert wird, unterscheidet sich auch nicht wesentlich. Es wird **GETRUNKEN, GEFLIRTET** und zu den allseits beliebten Party-Hits **GETANZT.** Egal, um welche Ü-Party es sich handelt – ausgelassen und fröhlich kann man in jedem Alter sein!

Beauty-Tipp:

Für einen wachen Blick

Morgens öfter mal verquollene Augen? Vor allem nach einer **RAUSCHENDEN GEBURTSTAGPARTY** kann das schon mal vorkommen. Einfach zwei Esslöffel für ein paar Minuten ins Tiefkühlfach legen. Die gekühlten Löffel auf die Augen legen und entspannen. Die Kälte macht nicht nur munter, sondern bringt auch die Lider schnell zum Abschwellen und Strahlen.

Ist es nicht entspannend?

Irgendwann hat man seinen eigenen Stil gefunden. Man weiß, was einem steht, welche Schnitte, welche Farben, und – noch wichtiger – was einem *nicht* steht. Endlich muss man nicht mehr jeder Mode hinterherhecheln, jeden Trend mitmachen und unbedingt **»IN«** sein. Getrost verzichtet man auf das superschicke Make-up, die angesagte burschikose Frisur und die hautengen Hosen in schrillem Gelb. Stattdessen kann man sagen: »Das bin ich. Das gefällt mir und das trage ich. Weil ich weiß, dass ich mich nicht mehr verkleiden muss.«

Endlich angekommen.

Bei sich selbst.

Kein Weiser hat sich je gewünscht, jünger zu sein.

AUS GRIECHENLAND

Wahre Jugend ist eine Eigenschaft, die sich nur mit den Jahren erwerben lässt.

JEAN COCTEAU

Generationenkonflikte?

Waffenstillstand!

Es gibt eine Zeit der Abnabelung. Da denkt man sich: »So wie meine Eltern möchte ich auf keinen Fall werden!« Man belächelt eigenwillige Gewohnheiten von Mama und Papa, **DISTANZIERT SICH BEWUSST** und macht alles am liebsten ganz anders.

Doch dann, wenn man schon eine Weile nicht mehr zusammenwohnt, finanziell auf eigenen Beinen steht, die eigene Familie gegründet und sich ein selbständiges Leben geschaffen hat, dann irgendwann wird das Verhältnis wieder entspannter. Man erkennt, dass die Eltern doch nicht mit allem unrecht hatten, was sie einem immer wieder predigten, und dass man viel mehr von ihnen übernommen hat, als einem vielleicht lieb ist. Plötzlich gefällt einem das gute Kaffeeservice mit Goldrand, das man früher unglaublich bieder fand. Mit gesteigertem Interesse blättert man in den einstmals belächelten Fotoalben. Von Mama lässt man sich ein altes Rezept aufschreiben, und der gemeinsame Fahrradausflug mit Papa macht auf einmal richtig Spaß.

FAZIT: Eltern und Kinder haben meist viel mehr Verbindendes als Trennendes. Doch oft sind es erst wachsende Distanz und Eigenständigkeit, die sie wieder näher zueinander führt.

Jedes Jahrzehnt des Menschen
hat sein eigenes Glück, seine eigenen
Hoffnungen und Aussichten.

JOHANN WOLFGANG VON GOETHE

Das Alter hat so viele Vorteile.
Alle vier Kinder sind aus dem Haus!
Ahnen Sie, welche Freiheit meine Frau
und ich haben? Das passiert erst,
wenn du 55 bist. Also werde ich
das feiern, zumal meine Hüften
noch bestens funktionieren, ich nie
zu viel trinke, nie im Leben geraucht
habe und gerade so genug Sport treibe.
Meine Knie sind auch noch robust.
Also: Ich hab mindestens noch
sechs oder sieben Jahre.

TOM HANKS

Von Quarterlife bis Midlife-Crisis

Schon ab 25, 30 kann es beginnen: Stimmungsschwankungen, Grübeleien, Selbstzweifel, innere Unruhe, Unzufriedenheit mit dem bisher Erreichten, beruflicher Druck, privater Stress, Unsicherheit über das, was im Leben noch kommen mag. Manch einer erlebt in diesem Lebensabschnitt des **»ERWACHSENWERDENS«** eine wahre Identitäts- und Sinnkrise. Tatsächlich zeigen Befragungen, dass die allgemeine Zufriedenheit in diesem Alter oft sinkt. Positives Ergebnis der Studien ist aber, dass die Glückskurve ab Mitte 40 wieder steigt. Durchhalten ist also angesagt. Ist die Karriere endlich gefestigt und die Familie **»AUS DEM GRÖBSTEN RAUS«**, kann man sich allmählich auf seinen Erfolgen ausruhen.

Nichts gewinnt so sehr durch das Alter wie Brennholz, Wein, Freundschaften und Bücher.

SIR FRANCIS BACON

Endlich darf man ungeniert **Dinge machen**, die man früher als langweilig und spießig abgetan hat:

- einen Garten anlegen und Rosen züchten
- die Wohnung hübsch dekorieren und aufräumen, bevor man Besuch bekommt
- früh schlafen gehen
- gelassen auf der Parkbank sitzen
- stundenlang Kreuzworträtsel lösen

- Silberbesteck haben und es regelmäßig putzen
- Golf spielen
- eine Fliege tragen
- Standard tanzen
- vorsorgen
- eine Kreuzfahrt machen
- am Sonntagnachmittag zu Kaffee und Kuchen einladen

Fällt dir auch noch etwas ein?

3 Wünsche für dich

- Die Gelassenheit, das hinzunehmen, was nicht zu ändern ist.
- Die Kraft, das zu ändern, was nicht länger zu ertragen ist.
- Die Weisheit, das eine vom anderen zu unterscheiden.

Irrtümer
über das Alter

Ab 30 baut man
(SO MANCHES VORURTEIL)
ab.

Ab 40 gibt man
(ÜBERZOGENEN EHRGEIZ)
auf.

Ab 50 ist es
(MIT DEM JUGENDWAHN)
vorbei.

Altern ist ein hochinteressanter Prozess. Man denkt und denkt und denkt und denkt und auf einmal hat man alles vergessen.

EPHRAIM KISHON

Die beste Möglichkeit, Männer dazu zu bringen, etwas zu tun, ist, durchblicken zu lassen, dass sie vielleicht zu alt dazu sind.

SHIRLEY MACLAINE

Wie man seine Memoiren schreibt

Mittlerweile ist es ein weitverbreitetes Phänomen: Jeder A-, B- und C-Promi möchte dabei sein und schreibt seine Autobiographie. Manchmal ist das überaus interessant und inspirierend. Dann wieder darf die Frage gestellt werden, ob man wirklich alles über dieses vor einem ausgebreitete Seelenleben wissen möchte.

Dass man sich mit der eigenen Vergangenheit, den Erinnerungen und Erfahrungen auseinandersetzen möchte, ist nur zu verständlich. Sicherlich hat jeder einmal den Moment, in dem er beginnt zu rekapitulieren. Je älter man wird, desto häufiger werden diese Momente. Man blickt zurück, wird nachdenklicher, sinniert über versäumte Ziele und Träume und die Vergänglichkeit der Zeit.

Und man wird sich fragen: Was bleibt? Allein schon um all das Erlebte für sich selbst zu sortieren und zu verarbeiten, ist es hilfreich, es aufzuschreiben. Dafür muss man kein geborener Schriftsteller sein. Eine Veröffentlichung sollte schließlich nicht das oberste Ziel des Vorhabens sein. Vielmehr geht es wirklich darum, dass nichts verlorengeht, erst einmal ganz allein für sich selbst. Die Kinder und Enkel werden eines Tages ebenso dankbar für solch eine Hinterlassenschaft sein. Nirgendwo werden sie einem je wieder so nah sein können wie im eigenen geschriebenen Wort.

Es gibt **KEINE REGELN**, an die du dich halten müsstest. Fang einfach an. Geh in dich und schreibe auf, was dir einfällt. Ob chronologisch oder querbeet, ob sachlich nüchtern, poetisch oder mit einem Augenzwinkern, ob fünf oder dreihundert Seiten – zu erkennen, was du in deinem Leben alles sehen, machen, geben und nehmen durftest, wird in jedem Fall heilsam sein.

Altern heißt, sich über
sich selbst klarwerden.

SIMONE DE BEAUVOIR

Die Jahre gleichen dem Wasser:
Sie fließen dahin, du merkst es kaum.

AUS RUSSLAND

Die ersten vierzig Jahre
unseres Lebens liefern den Text,
die folgenden dreißig den Kommentar
dazu, der uns den wahren Sinn
und Zusammenhang des Textes
erst recht verstehen lehrt.

ARTHUR SCHOPENHAUER

Hier kannst du schon mal anfangen:
Die wichtigsten Momente

Die liebsten Menschen, die dir begegnet sind

Je ne regrette rien

NEIN, ICH BEREUE NICHTS. Gerade ein Geburtstag ist öfter auch ein Anlass, um zurückzublicken. Da war nicht immer eitel Sonnenschein. Doch Freuden und Leiden der Vergangenheit sind passé, Verletzungen hat man überstanden, Enttäuschungen vergessen. Vieles sieht im Nachhinein ganz anders aus, und man merkt: Die Zeit heilt doch wirklich fast alle Wunden.

Im Alter bereut man
vor allem die Sünden,
die man nicht begangen hat.

WILLIAM SOMERSET MAUGHAM

Höhepunkt des Glücks ist es,
wenn der Mensch bereit ist,
das zu sein, was er ist.

ERASMUS VON ROTTERDAM

Die beste Vorsorge für
das Alter ist, dass man sich nichts
entgehen lässt, was Freude macht.
Dann wird man später die nötige
Müdigkeit haben und kein Bedauern,
dass die Zeit um ist.

FRANZISKA GRÄFIN ZU REVENTLOW

Sehnsucht nach alten Zeiten

KALTER HUND

Das generationenübergreifende Lieblingsrezept. Kommt der auf den Geburtstagstisch, fühlt man sich garantiert wieder um Jahre jünger. Erinnerungen an Kindergeburtstage werden wach. Und die Kalorien? Ach was! Ein wenig Hüftgold kann man sich jetzt endlich leisten.

- 200 g Vollmilchkuvertüre
- 250 g Zartbitterkuvertüre
- 250 g Kokosfett
- 2 Eier
- 60 g Puderzucker
- 2 EL Kakaopulver
- 1 EL lösliches Kaffeepulver
- 1 Schuss Kaffeelikör
- 150 g Butterkekse

Kuvertüre hacken. Zusammen mit dem Kokosfett in einer Schüssel im warmen Wasserbad schmelzen lassen. Eier, Puderzucker, Kakao, Kaffee und Likör nach Belieben cremig schlagen und in die Schokomischung rühren.

Eine Kastenform (23 cm Länge) mit Frischhaltefolie auslegen, Boden mit etwas Schokocreme ausstreichen. Eine Schicht Butterkekse darauflegen. Darüber wieder eine Schicht Schokocreme, Kekse usw.

Über Nacht kalt stellen. Aus der Form stürzen, Folie abziehen, mit etwas Kakao bestäuben – und sich auf der Zunge zergehen lassen.

Noch mehr Nostalgie gefällig? Gestärkt mit leckerem Retro-Kuchen, sind einem die alten Spiele-Klassiker sicher nicht mehr peinlich:

- Topfschlagen
- Blinde Kuh
- Hänschen, piep einmal
- Reise nach Jerusalem
- Schokolade schneiden
- Ich packe meinen Koffer
- Eierlauf
- Stopptanz

Leute hören nicht auf zu spielen,
weil sie alt werden, sie werden alt,
weil sie aufhören zu spielen.

OLIVER WENDELL HOLMES

Wie alt man gerade geworden ist,
sieht man an den Gesichtern derer,
die man jung gekannt hat.

HEINRICH BÖLL

»Alte« Wörter

Altbier

Altertum

Altruismus

Malta

Faltkunst

gewaltig

Verhalten

Altherrenwitz

gestalten

Baltikum

Alternative

Veranstaltung

Haltung

Altweibersommer

Die Schulzeit war doch die schönste Zeit!

Wirklich? Ganz ehrlich? Denk noch mal genau darüber nach. »Mit 17 hat man noch Träume«, heißt es. Ja, natürlich! Was würde man ohne sie machen? Manche davon mögen sogar in Erfüllung gehen. Andere zerplatzen wie Seifenblasen. Dafür kommen von Jahr zu Jahr neue Träume und Wünsche hinzu. Zum Beispiel derjenige, doch noch einmal wieder jung sein zu können. **ABER WILL MAN DAS WIRKLICH?**

Ich bin nicht mehr jung genug, um alles zu wissen.

OSCAR WILDE

Vielleicht ist es ja doch besser, kein Teenager mehr zu sein, sonst müsste man …

… für die Schule pauken und Hausaufgaben machen

… sich Gedanken darüber machen, »was man mal werden möchte«

… den Schwarm des ganzen Jahrgangs heimlich anschmachten

… auf Facebook-Partys gehen

… Angst vor der Fahrprüfung haben

… bei den Eltern wohnen

… immer wissen, was gerade »angesagt« ist

… sich das Taschengeld mit einem mies bezahlten Schülerjob aufbessern

Was man sonst noch alles überstanden hat:

- Stimmbruch
- Pubertät
- erster Liebeskummer
- Pickel
- erster Rausch
- Abschlussprüfungen
- die harten Ausbildungsjahre
- Rotwein-Cola
- WG-Zeiten

Woran erinnerst du dich noch mit Bauchgrimmen zurück?

Was man sich alles erarbeitet hat:

- das eigene Wohlfühl-Reich
- eine ansehnliche Schuh- und Handtaschen- bzw. Socken- und Krawattensammlung
- Fachwissen
- Respekt vonseiten der Youngster
- ein Fotoarchiv voller Gefühl
- den eigenen Geschmack
- echte Freunde
- ein Auto, das diesen Namen auch verdient

Was hast du erreicht,
auf das du stolz bist?

Wenn man sich alles Wissen
und alle Erfahrung der Leute
über fünfzig aus dieser Welt
wegzudenken versuchte,
bliebe nicht mehr genug übrig,
um die Dinge auf die Reihe zu bringen.

HENRY FORD

Es ist traurig, alt zu werden,
aber angenehm zu reifen.

BRIGITTE BARDOT

Jeder Lebensabschnitt ist neu.
Und wenn man noch so alt wird,
man kommt immer wieder durch
Unerfahrenheit in Schwierigkeiten.

FRANÇOIS DE LA ROCHEFOUCAULD

Die beliebtesten Schönheits-OPs in Deutschland 2012

Brustvergrößerung	19 %
Lidstraffung	15 %
Fettabsaugung	15 %
Botox-Behandlung	12 %
Faltenunterspritzung	11 %
Nasenkorrektur	6 %
Brustverkleinerung	6 %
Hals-Stirn-Facelift	6 %
Bauchdeckenstraffung	6 %
Lippenkorrektur	4 %

Aber ganz ehrlich: Wen hat das jemals *wirklich* jünger gemacht? Wahre Schönheit kommt doch von innen!

(Quelle: statista.de, 2013)

Zeit, sich zu entfalten

Es gibt mittlerweile eine unüberschaubare Zahl an **ANTI-AGING-PRODUKTEN** im Drogeriemarkt. Retinol, Hyaluronsäure, Q10, Peptide und verschiedene Pflanzenextrakte sind die Stars, die sich in schicken Tuben und Tiegeln präsentieren. Sie sollen im Nu **STRAFFEN, LIFTEN, FALTEN GLÄTTEN** und **AUFPOLSTERN.** Sicher, schaden kann es nicht, sie im Badschränkchen aufzureihen. Pflege für die Haut ist schließlich unerlässlich.

Sie gibt sich normalerweise aber auch mit einfacheren Cremes zufrieden und lässt sich nicht nur dann hängen, wenn ihr die Zaubermittelchen verwehrt werden. Sie braucht nur ein wenig Aufmerksamkeit, viel Feuchtigkeit und ein paar Streicheleinheiten. Bleibt man zudem gelassen, aktiv und fröhlich, strahlt die Haut ganz von alleine. Und wenn ein paar Mimikfältchen davon zeugen, wie viel man in seinem Leben gelacht hat, sollte man sie doch eigentlich nicht verbannen, sondern **WERTSCHÄTZEN!**

Ich bin stolz auf die Falten.
Sie sind das Leben in meinem Gesicht.

BRIGITTE BARDOT

Das Alter lässt sich leichter ertragen,
wenn man den Faltenwurf im Gesicht
als künstlerische Drapierung
betrachtet.

VIVIAN LEIGH

Frohsinn und Zufriedenheit sind große Verschönerer und berühmte Pfleger von jugendlichem Aussehen.

CHARLES DICKENS

Eine Frau, die mit einem Archäologen verheiratet ist, darf sich glücklich schätzen, denn je älter sie wird, desto interessanter wird sie für ihren Mann.

AGATHA CHRISTIE

Beauty-Tipp:

Die klassische Gurkenmaske

Statt sich lauter überteuerte Wundermittelchen, Cremes und Seren zuzulegen oder sich sogar einer Laser- oder Botox-Behandlung zu unterziehen, kann man es auch einfach mal mit der gemeinen Salatgurke versuchen. Die steckt nämlich ebenso sehr voller Anti-Aging-Waffen, spendet der Haut Feuchtigkeit, hat einen straffenden Effekt, kühlt und wirkt abschwellend.

BEI BEDARF also einfach ein paar Scheibchen abschneiden, das Gesicht damit vollpacken, bequem die Füße hochlegen und ein paar Minuten entspannen. Danach das Gesicht einfach kurz mit warmem Wasser abwaschen und sich frisch fühlen. Den Rest der Gurke kann man anschließend zu einem leckeren Salat verarbeiten und sich so auch noch von innen etwas Gutes tun.

Um die ewige Jugend zu erlangen, würde ich viel tun, mit Ausnahme von Gymnastik und frühem Aufstehen.

OSCAR WILDE

Ich habe den Kampf gegen Falten aufgegeben, weil nichts so viele Falten macht wie der Kampf gegen die Falten.

LIV ULLMANN

Lieder, die das Alter zu schätzen wissen

- *Mit 66 Jahren, da fängt das Leben an (Udo Jürgens)*
- *When I'm 64 (Beatles)*
- *My Way (Frank Sinatra)*
- *50! Was, jetzt schon? (Reinhard May)*
- *Ein graues Haar (Pur)*
- *Old Before I Die (Robbie Williams)*

Lesetipps

- Christoph Wilhelm Hufeland, Die Kunst das menschliche Leben zu verlängern, 1797
- Ernest Hemingway, Der alte Mann und das Meer, 1952
- Joachim Fuchsberger, Altwerden ist nichts für Feiglinge, 2011
- Henning Scherf, Wer nach vorne schaut, bleibt länger jung, 2012
- Sabine Reichel, Grau ist great. Mit Stolz und Stil in ein neues Leben, 2013

»Das Leben fängt mit 80 erst an!«

Dieser Ausspruch geht auf Queen Mum zurück. Sie stand offen zu ihrer Vorliebe für Gin Tonic und Champagner und absolvierte noch mit 90 Jahren viele öffentliche Auftritte. Sie wurde stolze 101.

Weitere bekannte Persönlichkeiten, die noch im hohen Alter aktiv waren oder sind:

PAPST BENEDIKT XVI. –
85 bei Amtsverzicht

KÖNIGIN BEATRIX –
75 bei Abdankung

JOHANNES HEESTERS – mit 108 gestorben und noch kurz zuvor immer wieder im Rampenlicht gestanden

HUGH HEFNER – heiratete mit 86 ein 60 Jahre jüngeres Model

HELEN MIRREN – mit fast 70 eine gefragte Schauspielerin

MICK JAGGER – steht mit seiner Band auch noch mit 70 auf der Bühne

KONRAD ADENAUER – mit 85 nochmals zum Kanzler gewählt

Sportliche Höchstleistungen, die staunen lassen:

Seiltänzer und Artist **KONRAD THURANO** (1909–2007) nahm erst mit **97** Abschied von der Bühne.

Die ältesten Synchronturnerinnen Deutschlands heißen **ROSI WAHL (75 JAHRE)** und **RENATE RECKNAGEL (71 JAHRE** und zudem deutsche Meisterin in ihrer Altersklasse)

FAUJA SINGH absolvierte 2011 als erster **100-JÄHRIGER** einen Marathon (allerdings brauchte er sechs Stunden länger als der Sieger).

70 Jahre jung zu sein
ist zuweilen heiterer und hoffnungsvoller,
als 40 Jahre alt zu sein.

OLIVER WENDELL HOLMES

Jetzt bin ich in einem Alter,
in dem gute Laune lebensnotwendig ist.

NADJA TILLER

Gehirnjogging

Nicht nur für die grauen Haare, auch für die grauen Zellen sollte man regelmäßig etwas tun. Wie jeder einzelne Muskel lässt sich das Gehirn in jedem Alter trainieren und formen. Solange man es auf Trab hält, kann man sich Konzentrationsfähigkeit und Gedächtnis erhalten. Täglich ein kleines Kreuzworträtsel oder eine Merkübung zu machen oder einfach nur etwas Neues zu lesen kann viel bewirken.

Präge dir die folgenden willkürlichen Begriffe zehn Minuten lang ein, decke sie dann zu und versuche, dich an so viele wie möglich zu erinnern:

Ahorn

Rentenbescheid

Fotoalbum

stricken

Washington

Flohmarkt

Schwanensee

Schutzengel

Jungbrunnen

Yogaübung

Jubiläum

attraktiv

Marienkäfer

Vorsorgeuntersuchung

Jahrhundert

Bist du ein Woopie?

Die heutigen 50-, 60-, 70-Jährigen sind keine Omas in Kittelschürze und Opas mit Gehstock mehr, wie es dereinst so manches Klischee wollte. Vorausgesetzt, dass Mutter Natur gnädig war, sind sie modern, vital und lebensfroh und »wollen es noch wissen«. 50 ist schließlich das neue 40. Oder doch das neue 30?

Je älter man wird, umso **MEHR ZEIT** findet man, sich um sich selbst zu kümmern – oder man nimmt sie sich viel bewusster, weil man es sich leisten kann und man weiß, dass es gut und wichtig für einen ist. Endlich kann man Dinge tun, die einem wirklich Spaß machen, die man vielleicht immer schon mal machen wollte, aber **»AUF SPÄTER«** verschoben hat. Wie wäre es damit, Spanisch oder Japanisch zu lernen? Das bringt Vorteile bei den nächsten Studienreisen, die mittlerweile ja auch schon mit ärztlicher Begleitung angeboten werden. Da braucht man sich keine Sorgen mehr darüber machen, ob man wohl mitten in der Pampa zurückgelassen wird, wenn man mit dem vorgelegten Tempo nicht mehr mithalten kann.

Ein Studium generale ist ebenso verlockend. Da kann man lernen, was einen **WIRKLICH INTERESSIERT**, ohne darüber nachdenken zu müssen, ob man damit jemals genug Geld verdienen kann, um die Familie durchzubringen. Wenn in der Freizeit trotzdem einmal Langeweile aufkommt, kann man sich sozial engagieren und ein Ehrenamt übernehmen. Oder einfach shoppen gehen.

Die Werbung hat ebendiese Personen längst als wichtige Zielgruppe erkannt, die in der Regel ausreichend Zeit und Geld haben, um ordentlich zu konsumieren, und sich schöne Begriffe für sie ausgedacht: Generation

Silber (wahlweise Gold), Midlife-Boomer, Best-Ager oder auch **WOOPIES** (well-off older people). Denn sie sollen sich wahrgenommen und wertgeschätzt fühlen. So werden nicht nur immer mehr Produkte speziell für diese Zielgruppe und ihr Lebensgefühl entwickelt. Auch Sprache und Gesichter der Werbung passen sich an. Ältere Models sind gefragt wie nie, spezielle Model-Agenturen schießen aus dem Boden. Wenn man also gerne einmal in einem Werbespot die neue gediegene Limousine vorführen oder schicke Mode für eine Zeitungsanzeige präsentieren möchte – es ist **NIE ZU SPÄT** für eine zweite Karriere.

Lerne, alt zu werden mit einem jungen Herzen. Das ist die Kunst.

JOHANN WOLFGANG VON GOETHE

Zum Altwerden
ist immer noch Zeit.

AUS ITALIEN

Man kann nichts dagegen tun,
dass man altert. Aber man kann sich
dagegen wehren, dass man veraltet.

LORD SAMUEL

Ich altere wohl;
doch täglich lerne ich etwas dazu.

SOLON VON ATHEN

Inseln der Hundertjährigen

In Japan erreichen erstaunlich viele Menschen, hauptsächlich Frauen, immer wieder ein hohes Alter. Die durchschnittliche Lebenserwartung für japanische Frauen liegt bei 85,9 Jahren. Überdurchschnittlich viele Hochbetagte leben auf der Insel Okinawa. Günstigen Einfluss haben laut Studien das dortige milde Klima, ein ruhiger Lebensstil, geistige und körperliche Betätigung, Schlafgewohnheiten und vor allem eine gesunde Ernährung, die aus Fisch, frischem Obst und Gemüse, Sojaprodukten und grünem Tee besteht. Auch auf Sizilien und Sardinien werden viele Bewohner hundert Jahre und älter, was ebenfalls auf die gute Mittelmeerküche mit wertvollem Olivenöl, viel Fisch und Gemüse zurückgeführt werden kann.

Es wundert also nicht, dass laut Guinness World Records mit über **115 JAHREN** eine Japanerin derzeit die älteste lebende Frau der Welt ist. **MISAO OKAWA** wurde am 5. März 1898 in Osaka geboren, wo sie noch heute lebt. Sie erfreut sich bester Gesundheit und pflegt regelmäßigen Kontakt zu ihren drei Kindern, vier Enkeln und sechs Urenkeln.

Am 12. Juni 2013 verstarb der bis dahin älteste Mann der Welt. **JIROEMON KIMURA** stammte ebenfalls aus Japan. Geboren am 19. April 1897, wurde er **116 JAHRE** alt. Rund 40 Jahre war er bei der Post angestellt und betätigte sich noch bis zu seinem 90. Lebensjahr in der Landwirtschaft. Er rauchte nicht und trank nur wenig Alkohol. Außerdem hielt er sich an das Motto: »Leicht essen, um lang zu leben.« Kimura hatte sieben Kinder, 14 Enkel, 25 Urenkel und 14 Ururenkel.

Die größte Kulturleistung eines Volkes sind die zufriedenen Alten.

AUS JAPAN

Altwerden ist natürlich kein reines Vergnügen. Aber denken wir an die einzige Alternative.

ROBERT LEMBKE

Das Menü für Jungbleibende

Eines der besten Mittel, um fit und gesund zu bleiben: **DIE RICHTIGE ERNÄHRUNG**. Ab 50 – eigentlich nicht erst dann, aber dann vor allem – ist es wichtig, auf gesundes Essen zu achten, weil man dann weniger Kalorien, aber mehr Mineralstoffe, Vitamine, Spurenelemente und Ballaststoffe benötigt. Der Konsum von frischem Obst und Gemüse sollte von den sonst empfohlenen fünf auf neun Portionen täglich erhöht werden. Das senkt das Risiko für Herz-Kreislauf- und sonstige Erkrankungen. Mit dieser Zusammenstellung kannst du dich **»JUNG ESSEN«**:

VORSPEISE: Bunter Salatteller mit Leinöl-Kräuter-Vinaigrette, garniert mit einem Garnelenspieß

ZWISCHENGANG: Brokkoli-Blumenkohl-Cremesüppchen mit gerösteten Mandeln

HAUPTGERICHT: Gedünstetes Lachsfilet an Kartoffel-Möhren-Gemüse und Spinatsauce

DESSERT: Warmes Schokoladenküchlein mit flüssigem Kern (ein bisschen Naschen für die Seele soll schließlich erlaubt sein, und ein wenig »Hüftgold« darf schon sein!)

ZUM KRÖNENDEN ABSCHLUSS: Trauben mit Emmentaler und Walnüssen

GEGEN DEN DURST: Ein paar Tassen grüner Tee und stilles Wasser, so viel du willst

(passende Rezepte finden sich beispielsweise unter www.chefkoch.de)

Ich möchte nichts mit Naturkost zu tun haben. In meinem Alter braucht man alle Konservierungsstoffe, die man kriegen kann.

GEORGE BURNS

Die reife Liebe

Sie ist wohl das **SCHÖNSTE GEFÜHL** der Welt. Doch leider bereitet sie uns auch mehr Schwierigkeiten, als uns lieb ist. Lange Zeit läuft man der großen, einzig wahren Liebe hinterher. Meint man, sie endlich gefunden zu haben, stellt man fest, man hat sie lediglich mit der **VERLIEBTHEIT** verwechselt. Man kämpft mit Unsicherheiten, Enttäuschungen und neuen Hoffnungen. Und auch hier gilt wieder: Je älter man wird, je mehr man erlebt, desto klüger wird man.

Man erkennt, dass man das andere Geschlecht niemals wird verstehen können. Doch man hat gelernt, den anderen mit all seinen Stärken und Schwächen zu akzeptieren, **VERTRAUEN** und **GEGENSEITIGER**

RESPEKT werden immer wichtiger. Man weiß, was einem guttut, kann auch mal mit sich allein sein und loslassen, wenn es nötig ist.

Tja, und dann sind da noch die körperlichen Funktionen, die im Alter unweigerlich nachlassen, bis man irgendwann feststellt, dass man mit dem Kamasutra einfach nicht mehr mithalten kann. Auf sportliche Höchstleistungen kommt es aber doch auch gar nicht an. Auch wenn nichts mehr geht, kann **ZWEISAMKEIT** sehr intensiv gelebt werden, vor allem, wenn man bereits auf eine lange gemeinsame Geschichte zurückblicken kann.

Alter schützt vor Liebe nicht, aber Liebe vor dem Altern.

COCO CHANEL

Liebe hat kein Alter.

BLAISE PASCAL

Jetzt bist du noch mal dran: Wir wollen nicht nur zurückblicken, sondern auch nach vorne! Was sind deine Pläne für die Zukunft? Welche Ziele und Träume hast du noch? Was möchtest du dir vornehmen in den nächsten fünf, zehn, fünfzehn Jahren? Notiere es hier, damit es nicht verlorengeht.

Alles, was Glück bringt: Geburtstagbräuche aus aller Welt

Sie gehören zu jedem Geburtstag einfach dazu: Geschenke, Blumen, Glückwunschkarten und natürlich die Geburtstagstorte. Diese **BRÄUCHE** kennt man mittlerweile weltweit. Einige Unterschiede gibt es da aber schon:

In **TEILEN ASIENS** gibt es zwar die Geburtstagstorte, doch statt der Kerzen stecken darin Räucherstäbchen. Das Symbol ist dasselbe: Sie sollen zum einen alles Böse abhalten und zum anderen Glück bringen.

In **ENGLAND** wird ein Glücksbringer, ein Geldstück oder ein Schmuckstück in den Geburtstagskuchen eingebacken. Derjenige, der den Glücksbringer in seinem Stück findet, soll besonders viel Glück und Wohlstand erfahren.

Auf **MEXIKANISCHEN** Geburtstagsfeiern ist die Piñata unverzichtbar, ein Tier aus Pappmaché, mit bunten Papieren verziert und mit allerlei Süßigkeiten gefüllt. Das Geburtstagskind darf die Piñata alleine oder zusammen mit seinen Gästen mit Stöcken zerschlagen, um so an die Süßigkeiten zu gelangen.

Jedes Geburtstagskind freut sich vor allem auf die Geschenke. In **JAPAN** ist es wichtig, dass das Geburtstagsgeschenk nicht in Verbindung mit der Zahl Vier steht, denn sie gilt dort als Unglückszahl. Es werden daher beispielsweise keine Pralinenschachteln mit vier Pralinen verschenkt, ebenso wenig wie Blumensträuße mit vier Blumen einer Sorte.

In **ITALIEN** und den **USA** dürfen sich auch die Gäste freuen. Hier ist es nämlich üblich, dass auch sie Geschenke vom Geburtstagskind erhalten.

Im **NORDEN DEUTSCHLANDS** gehören Männer schon mit 25 Jahren zu den »alten Socken«, Frauen zu den »alten Schachteln«. Daher bekommen sie als besonderes Geschenk einen Kranz aus Socken bzw. Schachteln überreicht.

O du liebe Geburtstagstorte!

Je älter man wird, desto mehr ähnelt die Geburtstagstorte einem Fackelzug.« (Audrey Hepburn) Aber das Gute daran ist: Irgendwann bräuchte man so viele Kerzen, dass sie auf keine Torte mehr passen. Also lässt sich das tatsächliche Alter, das man gerne ein wenig vertuscht, ohnehin nicht mehr so genau ablesen wie noch in jüngeren Jahren.

Erfreuen wir uns also immer wieder an der **GEBURTSTAGSTORTE:** Liebevoll gebacken und verziert, zeigt sie uns die Zuneigung unserer Familie und Freunde. Beim Kerzenauspusten hat man einen Wunsch frei. Und das größte Stück ist exklusiv für das Geburtstagskind reserviert, das, Kalorien hin oder her, nach Herzenslust genießen darf.

»Dafür bin ich zu alt«

Stopp! **KEINE DENKBLOCKADEN ZULASSEN!** Warum sollte man nicht auch noch mit 43 alberne Witze erzählen dürfen? Mit 55 einen Anfänger-Tanzkurs besuchen? Mit 59 anfangen, Klavier zu lernen? Oder mit 38 Papierschiffchen fahren lassen (und zwar allein oder mit dem besten Kumpel, nicht mit den eigenen kleinen Kindern)?

Man soll immer das tun, auf was man gerade **LUST HAT**. Es gibt nichts, was man nur in einem bestimmten Alter tun darf oder kann, und wenn man es überschritten hat, dann ist es für alle Zeiten zu spät. Also keine Ausreden, keine falsche Scham – und das Leben genießen!

Es gibt kein Verbot für alte Weiber, in die Bäume zu klettern.

ASTRID LINDGREN

Wenn man sich zu alt für eine Sache vorkommt, sollte man sie erst recht probieren.

PABLO PICASSO

Alles, was Spaß macht, hält jung.

CURD JÜRGENS

Also lass es krachen!
Jetzt erst recht!

Es ist nicht gestattet, Abbildungen dieses Buches zu scannen, in PCs oder auf CDs zu speichern oder in PCs/ Computern zu verändern oder einzeln oder zusammen mit anderen Bildvorlagen zu manipulieren, es sei denn mit schriftlicher Genehmigung des Verlages.

© 2014 Pattloch Verlag GmbH & Co. KG, München

Grafiken und Gesamtgestaltung: Veronika Preisler
Text: Sabine Sommer
Lektorat: Kathrin Mayr, Pattloch Verlag

05 04 03 02 01

ISBN: 978-3-629-11004-6

www.pattloch.de